Gasolineras

XXII PREMIO INTERNACIONAL DE POESÍA
MARTÍN GARCÍA RAMOS

(Colección MORAZARA XIX)

© *Editorial Difácil, 2024*
editorial.difacil@gmail.com
www.difacil.com
I.S.B.N.: 978-84-127759-9-0
Depósito Legal: VA 164-2024

Imprime: Spika Gráficas

Impreso en España

JAVIER ADRADA DE LA TORRE

Gasolineras

Prólogo Martín Zúñiga Chávez

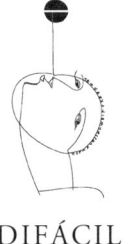

DIFÁCIL

«BIENVENIDOS AL GENOCIDIO DEL PRESENTE»

«Este camino es una lengua ácida / que nos lame las llagas, el agua yugular que atraviesa, / como una lenta brasa, los ojos y el cuerpo.»

BALAM RODRIGO

¿Qué nos pertenece del cuerpo y de la lengua? ¿Qué parte de aquello que decimos es nuestra? Nadie lo sabe con certeza. O, peor aún, torpemente hay individuos que creen, que piensan que se puede medir con cierta exactitud la pertenencia, la posesión de las palabras, y lo que estas pueden hacer en el mundo, en la Historia, en los cuerpos, de manera farmacéutica, agraria, económica, criminal. Frente a esa torpeza, se alza el poema para recordarnos que las palabras no le pertenecen a nadie, que solo la capacidad de compartirlo y hacerlo viajar de lengua en lengua; de no establecerle fronteras; sino, al contrario, de abrirle vías, caminos, autopistas para que vaya y vuelva; y en el transcurso de ello crezca, mute, engorde, se apasione y no se detenga es lo que nos humaniza, y es el centro de nuestra razón de ser. Como lo tiene claro Javier Adrada en *Gasolineras*, que cumpliendo un antiguo ritual, «purifica las palabras de la tribu» (Mallarmé) para hablarnos y hablar de nuestro tiempo; y perspicaz como es a la hora de situarnos en el lugar común que tenemos hoy para decir(nos): ya no la plaza pública, ni el atrio de la catedral, ya no el foro y, ni siquiera, a pesar de la mercadotecnia que por ello sufre, las pantallas: sino otro espacio donde suceden todas las

«historias que se detienen fugazmente / frente a los surtidores»

las gasolineras al lado de cualquier calle o autopista, regadas por el mundo al lado de

«las tripas de asfalto»

pues

«la ciudad / queda ya lejos ¿acaso existió /alguna vez?».

Aquí corresponde hacer una pequeña desviación, un momento para avanzar algunos kilómetros en otra dirección. Hemos perdido, qué duda cabe, la ciudad como lugar común, donde habitábamos como iguales, contemporáneos, y donde nos podíamos encontrar sensible y amablemente. Algunos hitos podemos vislumbrar sobre ello: la invención del motor, por ejemplo. No solo las calles y las ciudades se han re-construido alrededor del motor, sino que unas ciudades y otras se han unido, mutado, engordado y abrazado por medio de autopistas y puentes para que circulen coches y camiones. No se puede hacer ya ningún símil entre las comarcas apacibles de antaño y las urbes modernas. Es más, las urbes han perdido ya toda personalidad (alguien que vaya de aeropuerto en aeropuerto puede constatar ello de manera inmediata) y no se sabe con certeza, más que por algunas fronteras geopolíticas y abstractas, dónde comienza y dónde termina una ciudad. Sin embargo, no podemos olvidar que, a pesar de la pérdida de la ciudad como lugar de hábitat, obras de arte y poemas han instanciado un diálogo ferviente y fructífero con las ciudades a las que se debieron: la Lisboa de Pessoa, la Lima de Cisneros o la Alejandría de Cavafis. Del mismo modo, ha sido fructífero para los poetas entender que partir, viajar, moverse de un espacio a otro, habla de nuestra condición humana como pocas otras actividades lo hacen: el regreso a Ítaca, el adentrarnos de la mano de Dante y de Virgilio en el universo o el viaje de Trujillo a Lima de Vallejo, son solo algunas muestras plurales de ello. El poeta se muestra así como el hacedor de esas geografías comunes donde tiene lugar la correspondencia de vida y espíritu, donde cada casa y cada edificio toman cuerpo, al igual que cada senda y camino. Geografías que hacen posible la duración y, por consiguiente, la posibilidad de la contemplación. Así lo muestra claramente el poema que cierra este libro cuando en una última gasolinera

«este hombre que aquí trabaja
ahora me está mirando y se imagina
los mundos que habré visto».

Cada poema de *Gasolineras* se merece un ensayo de lectura atenta, para adentrarnos en las estratagemas que plantean no solo cual visionario rimbaudiano y que trata de «hacer cada visión comunicable» (Rosamel del Valle); sino también como un crítico de su propia realidad circundante, política y social, y a la vez, con la capacidad de poder enunciar la ternura y la ansiedad, la amargura y la belleza, la descomposición y la grandeza de un mundo siempre fugaz, como gasolina que se consume y se consume. Cada poema necesita su propia Historia, el ojo que lo lea y lo digiera. Sin tratar de abarcar todos los secretos ligamentos que articulan este texto viaje, este texto manifiesto, este texto vigía, vamos a intentar algunos acercamientos, algunas tangencialidades.

Primero, celebremos. En la masiva producción rutinaria de textos en la que estamos inmersos, la aparición de *Gasolineras* es una urgencia y una gran posibilidad. Contra el rito y el común denominador de la autocomplacencia del yo, del corporativismo y el *mainstream* que cada vez más precariza y fagocita la poesía contemporánea, aquí encontramos un poema que habla desde otros puntos cardinales, que habla desde el nosotros, que construye su lirismo en el «tú», en la alteridad, y que es consciente de su devenir y su situacionismo, como del complejo reto que esto significa frente a su propia tradición que enuncia con sus breves homenajes en forma de epígrafes o ya de frente de versos y ritmos incrustados entre los poemas; además de aquello que enuncia, que denuncia y que ataca o reverbera.

Segundo, pongamos atención a sus verbos. No son los verbos del viaje, solamente, sino que son los verbos del adentrarse, del presentarse, del adherirse como se adhiere una costra a su herida, desde muy adentro y desde muy antiguo. Verbos como «conocer» que definen al texto, a su yo poético que siempre es un nosotros, y es ese el motivo de su resonancia, de su gruesa impleitecia.

> «no conocí a ninguno
> de los apóstoles neoliberales
> ni a aquel arrodillado ante jeff bezos»

frente al

> «solo conocí
> a aquella mujer negra en la
> parada de autobús
> esperando el b39».

Su insumiso proseguir con la ola, su propia fuerza creando ondas que se sumen al marejamen que entiende su propio tiempo, y va a atender su propia calcinación. Ese «yo poético» es un viajero que regresa del fin del mundo y nos lo cuenta. Nos cuenta que el fin del mundo está ya aquí, pero no totalicemos, porque el mundo no se acaba, solo nosotros, nuestra fútil presencia, nuestra huella en el mundo.

> «la vieron
> por última vez como una estrella
> fugaz sobrevolando un país
> de ciegos»

Así canta la canción de lo que pasará mañana, en todo el mundo, y lo que en el ayer del mañana hemos perdido con una sabiduría que parece hacerse presente por accidente, a pesar del autor, como si se tratara de una lucidez inadvertida, que es a la que aspiran muchos poetas.

> «la vida
> solo se deja ver por el retrovisor
> mirar hacia delante equivale
> a mirar hacia atrás
> pero un segundo antes»

Hay una lección que aprendí de la mano de Javier una noche que nos encontramos en Madrid para celebrar por quinta o décima vez este premio con el que honran y dan a conocer este bello poemario que tienen entre las manos. Salimos del vientre del metro a las calles de Madrid a buscar un bar que había significado mucho para Javier y que quería que conociésemos de todas formas, pues era hermoso todo lo que de él nos iba diciendo en el camino. Nos mostraba las calles, dónde quedaba

cada farola y cada puerta, e íbamos buscando, más tirados por nuestra sed y nuestras risas, la puerta de aquel mítico bar. Alguien lleva tatuado en el cuerpo, y esto hay que apuntarlo con detalle, un verso que estaba escrito en el techo de aquel bar. Por eso se nos hacía tan especial y teníamos tantas ganas de encontrarlo. Llegados a la calle donde podría estar el bar, la subimos y bajamos un par de veces hasta que dimos con la puerta y el portero nos dijo que allí, hace meses, que ya no existía el bar y lo reemplazaba un garito de striptease hecho a la medida de turistas europeos que buscan sexo rápido en el centro de Madrid. Las leyes de la oferta y la demanda habían abolido el recinto, y, con ello, las palabras de aquel verso que alguien llevaba tatuado en la piel. ¿Hay una epifanía al final de este relato? Nadie más lo sabe, solo Javier vislumbró allí algo como una lección sobre lo fugaz y frágil del poema, o quizá, al contrario, de lo tenaz y brutal que es la memoria, que borra las palabras, pero las hace permanecer de otra manera. Washington Delgado decía que todo ya está dicho, es cierto, pero hay que decirlo todo de nuevo, porque ya nadie escucha. El lenguaje se va haciendo viejo, y va cada vez mutando, cambiando, y su significado primigenio ya no resuena, porque hemos mutado, cambiado, crecido y acortado. No se trata de usar palabras nuevas, versos de léxico contemporáneo, actual, *centennials*. Se trata de una sensibilidad nueva, simple y humana como la propugnaba Vallejo, lejos de la complicación insulsa y del barroquismo vacío. Para expresar un mundo nuevo, se necesita una voz nueva. Una sintaxis que pueda asir los vínculos orgánicos que se establecen en la mirada del mundo que hace posible que se enuncie el poema. La voz plural que tiene *Gasolineras*, siempre presente la voz de la tribu, la voz que habla por todos, la que nos representa, como «banderas con versos de ferlinghetti» que están allí para contarnos la decadencia del mundo. Solo mostrarlo.
«Tierra de la esperanza y sin embargo
cuerpos descompuestos bajo».
¿A quién pertenecen estos cuerpos? No lo sabemos, no vamos a saberlo. Las palabras están allí para sumergirnos en cada «puerta de

walmart», en cada una de las «torres de espanto», en la «absurda realidad», para rebatirnos y sacudirnos de nuestro hondo aburrimiento. Adentrarnos al horror con su estrepitosa humanidad. Todo ello construido a través de un verso cinético, de una sintaxis que aglutina y amasa en sí las formas del movimiento, polisémicas, resonantes. Las palabras en *Gasolineras* son como máquinas en movimiento perpetuo que nos llenan de resonancias sonoras, táctiles, olfativas, y que nos presentan imágenes del mundo una tras otra tendiendo entre ellas lazos invisibles, diásporas subterráneas, amalgamas recurrentes. Esta arquitectura es su osada arma contra el logos de lo racional, del sentido común, de los dioses del poder y del dinero y con el que Javier Adrada ha felizmente construido, contra el ideal del poeta puro, un paisaje desordenado de nuestro espíritu, como nuestro propio espíritu es.

Martín Zúñiga Chávez
Arequipa, febrero de 2024.

Gasolineras

i went out in a real s.t.a.r.c.a.r.
full of light & travelling far

Con el último rayo de la noche
el motor ruge y una sombra brilla
en el retrovisor
           en la i-90
los gatos del arcén y las farolas
sugieren travesías imposibles /
el futuro se deja adivinar
en las tripas de asfalto
                la ciudad
queda ya lejos / es que acaso
no fue un sueño? más allá del s.t.a.r.
c.a.r. solo la psicosis de los montes
y una gasolinera solitaria
destiñen el cristal
                forty-five bucks
at number four sobre el viento navegan
los minutos and two of those boston lager
can i pay with card? pero la pregunta
es si la niebla también se despierta
cuando amanece

no era mi intención
disparar este verso en tu cabeza
pero no siempre cumplo lo que digo /
cerró los ojos antes de marcharse:
la misma negrura

Con las primeras
luces del día y con la lluvia amarga
de una tierra que olía diferente
tuvo la insoportable certidumbre
de que el tiempo estaba naciendo

En esta tierra el horizonte
no es una silueta de hormigón
y la memoria no huele a goma quemada

ciudad en la que tantos
murieron en nombre de la vida
ciudad imposible de imposibles
coordenadas de tiestos sin violetas
que sirven de cenicero ciudad
enferma de enfermos caracoles
fosilizados bajo el asfalto
de pájaros ahorcados entre los cables
de telefonía ciudad en llamas
en la llameante noche de este siglo

no volveré a ver sus tejados
escríbelo de nuevo no volveré
a ver sus tejados ni el estallido
de sus cristales ni las nubes
de ceniza de cada avenida
ni aquellos labios que inclinados
sobre mi vientre en los asientos
traseros de un citröen
conocieron el sabor de una estrella moribunda

En esta tierra la gravedad
está invertida y los humanos
caen como marionetas hacia el cielo

estas retinas son mi obra de arte

LINA MERUANE

En este fármaco monodosis
está codificada una noche púrpura
y una curva de sangre sobre el río

esa noche y esa curva serán
las últimas que conozcamos
antes de una negra catarata
de aguas que ni se vierten
ni hacen ruido /
por fin hemos llegado
nos presentamos: somos los
cuerpos vacíos y así es como se acaba el mundo
ya lo dijo ts eliot:
no con un estallido sino con una
vacuna de janssen

el crío la estaba estrangulando y la chica
dijo qué puto
asco
a sus espaldas un mar escarlata y dos
ángeles crucificados
bajo el cielo de una noche púrpura

this is the way the world ends
not with a bang but with a
single shot of janssen

debiste haber elegido mejor mamá
pfizer nunca te habría hecho esto /
al contrario: cada mañana
te habría preparado unas tostadas y
llevado a misa de doce
y besado en la marchita frente pero ahora
eres un cuer-
somos los cuerpos vacíos
saturados de bioquímicas espinas / no
pfizer nunca
te habría hecho esto

Debiste haber elegido mejor
ahora cierra por favor los ojos

Ya no será doce de septiembre cuando
mañana lea estos versos y
dónde estará
　　　la vieron
por última vez como una mariposa
que rondaba el calendario
en aquel camino
de hierro
donde bramble hill sugiere
una escalera hacia el cielo igual que
aquella mujer que tan solo
dejó una estatua entre los arces /
bienvenidos al genocidio
del presente y
dónde estarán sus pensamientos
cuando el otoño dice basta:
suficiente:
no
consentiremos un día más de olvido
　　　la vieron
por última vez como una estrella
fugaz sobrevolando un país
de ciegos
en una noche nublada

Tenía ojos de arcoíris
y cuentan que al cerrarlos

ya no era doce de septiembre
y su voz era silencio
envuelto en más silencio

Torres de espanto y sin embargo
cielo de sangre todas
las tardes
eutanasia de cristal
porque
yema de huevo en la alcantarilla
cada madrugada
las babas de los trenes no
sin relojes epilépticos
también el autobús escolar que
setenta veces sobre el cementerio
por un mundo mejor y
más
banderas con versos de ferlinghetti
y desde que las torres de espanto
a la vez que el horizonte en llamas
niños bajo la iglesia y sin embargo
corbata de espinas todas
las noches
aguja en el testículo del siglo
y en consecuencia antología
de la muerte

hasta que mil vacas degolladas
junto al menú de happy hour
en resumen barcos reciclados
carne nueva
bilis vieja
cada madrugada
botón de amanecer y sin embargo

Hemos malgastado la vida soñando
con el placer de una dulce convención
en las tardes de lluvia y suspiro hemos
imaginado una vida mejor una vida
como todas las demás una película
junto a la chimenea un enorme acuario
y un gato blanco tal vez una casa en la costa
en la que envejecer sin pena ni gloria

qué esencia atemporal o verdad abrumadora
esconde un paseo por el parque rodeado
de paseantes idénticos con idénticas
aspiraciones al prosaísmo? qué misterio
hay en dos noches de acampada? qué enigma
en los cristales empañados de un citröen?
qué magia en un beso en la estación?

pero tal vez quien practicó la vida sublime
(si es que existe semejante criatura
en nuestra insustancial mitología) suspire
en las tardes de lluvia recordando
aquella película que no vio aquel viaje
que no hizo aquel beso que no dio
para no perder el tren

Hemos malgastado este sueño viviendo
y quién sabe si en este jueves de octubre

en estos versos apagados mientras
lleno el depósito de gasolina se esconde
un significado más trascendente un fugaz
instante de sentido un relámpago
que alumbre mi sombrío pensamiento
en el instante de mi muerte

[photograph of sylvia plath
feeding blueberries to a deer
july 1959]

Si yo en otra vida hubiera sido
un animal
seguramente habría sido un ciervo sagrado
herido por la flecha de agamenón / vengado
por una diosa

pero si lo hubiera sido en esta
seguramente sería aquella cierva
todavía embarazada muerta
sobre el arcén de la ma-116 / bajo
la noche huérfana de estrellas
esta cierva
que sin mirada me observa
como si yo pasajero solitario de mi s.t.a.r.
c.a.r. pudiera vengarla a ella
y a toda su miserable genealogía
como si este rabioso endecasílabo
pudiera
incendiar cada kilómetro de asfalto
cada neumático gastado y cada
proyecto de autopista estatal

para así devolverle a la tierra
su fértil dignidad

Mis ojos impasibles tal vez fueron
lo último que vieron los suyos
antes de que el massachusetts
wildlife service recogiera su cuerpo
salpicado de luces antiniebla

Noche de los muertos en
la 5th avenue contemplen
la descompuesta gramática de la ciudad!
cielo e infierno son estratos
paralelos y esta realidad macabra
de máscaras y lluvia negra
es solo una capa más
de nuestra absurda cosmología

hey kid u think that's oil
man that ain't oil that's blood
miren cuánto grotesco personaje!
díganles
que hagan el favor de comportarse
por dios
estamos en la capital del mundo
y uno ha de ser digno de este legendario
estercolero

bajamos temblando por la calle y
lo confieso:

el beso de tu labio mojado
no será el último de esta noche
llora la sangre por tu mejilla pero
cuando suenen las campanas
soltaré
tu mano blanca tu mano
sin pulso
y no podré mirar atrás
tus pasos serán tambores sordos y tú
my ghost in the shell
mi eurídice a lo largo
de la desolada 5th avenue

Noche de los muertos y mañana
despertarán los vivos para contemplar
la restaurada geometría de este mundo!

129 noches en holyoke
habrían sido posibles
en un mundo semejante
y posible haber mirado
por la misma ventana de autobús
dos veces cada día
la lluvia estrellada ante tus ojos
posible haber vivido entre dos naves
una fábrica de abrasivos y un antiguo
matadero
posible haber aborrecido el connecticut
su arrogante discurrir entre los arces
posible el escalofrío de otra carne
bajo la misma luna distinta
                      posible
haber conocido 129 noches diferentes
y habitado una vida improbable

mírate ahora estacionado
de nuevo en una gasolinera thirty-five
bucks at number two este cielo que amanece
como si ya atardeciera and one reese's
only cash pero la pregunta es
si acaso era posible
este olor a sanitizer en tus manos
este majestuoso billete de un dólar

esta

paranoica manía de desimaginarte

si acaso esta línea temporal

era menos imposible que

las demás

si te pesa más quién eres

o quién nunca llegaste a ser

129 noches en holyoke

no habrían cambiado la extrañeza

de saberte a la vez yo y otro

we made a crack in the wall to whisper through

KATHLEEN FRASER

Cae la tarde en la avenida
mientras espero en el semáforo
la misma luz de otros atardeceres
y otras tierras que apenas recuerdo
naranja como el tiempo muy usado
la misma que un día dibujó
tu sombra de pasos pequeños
                              la misma
que no la está dibujando ahora
mientras observo
la absurda rutina de las aceras

observar equivale a preguntarse
quién se acordará cuando me vaya
y qué nuevas calles con sus nombres
impensables me sorprenderán
pensando en ti frente a otro semáforo
de qué color será la herida
del cielo cuando el sol se vuelva antorcha
de qué color el tiempo sin estrenar
el que podría haber sido

y cuántos
kilómetros harán falta en realidad
para que la distancia se vuelva insoportable

Cae la tarde en la avenida
mientras pienso en tu cuerpo discreto
caminando del trabajo a casa
                              de casa
al trabajo
        con pájaros volando
sobre las flores de tu cabeza
siempre con pasos pequeños
siempre
con los ojos llenos de arena

seguirá atardeciendo cuando yo no esté
con esta misma luz naranja
que recuerda a la sangre del domingo
…y a la noche cada uno deshará su cama
como un cobarde repliegue
de sábanas de hospital
                        y cada uno
se arropará con su propio frío
pensando tal vez en qué estará pensando el otro
en el tacto imposible de su espalda
en el olor de su pelo mojado

cuando se tiende sobre la almohada
como una medusa de bronce fundido
todavía es
pronto para empezar el resto de nuestras vidas
pronto
para poner nombres al futuro
para
emprender juntos el catálogo
de promesas que no se cumplirán
                              todavía
nos es dado soñar jugar
a ser adultos a prometer
sin mirar el precio como si la ilusión
fuera un derecho y no un privilegio
y a adivinarnos en la ausencia otoñal
de un atardecer naranja como si nunca
fuera a anochecer

algún día volveré
                    pero hasta entonces
guarda el recuerdo de estos días transparentes
                    algún día
volveré y todo habrá acabado
quizá esperar fue la mejor parte
tal vez la incertidumbre era mejor
que la certeza

sabremos entonces
si el amor eterno era el nudo de la historia
o solamente el epílogo

un claxon luego otro la vida
solo se deja ver por el retrovisor
mirar hacia delante equivale
a mirar hacia atrás
                    pero un segundo antes

Cae la tarde en la avenida
y antes de que me dé cuenta
la luz verde del semáforo
me deja marchar

[a mi hermano]

No encuentro las palabras
para este cortometraje de dormitorio
esa mirada atenta a mi voz
(seguimos el camino correcto sin saberlo)
siempre quise ver tus alas
y en ese cuerpo igual que el mío
brillan ahora la vida y la lluvia
mientras descubres con euforia el mundo

matriarca patriarca observad
vuestra herencia en esta rueda sin estrellas
huérfanos por destino consolados
en la ignorancia de la carne virgen
(recorrimos juntos la ausencia del lenguaje)

...sonríes aún mientras me alejo

city of brotherly love, brotherly love
hace tiempo que te di la espalda

ciudad censurada en la crónica
ausente de la infancia hace tiempo
que dejé que te marcharas

No encuentro las palabras
para el poema que tus ojos tiernos
están escribiendo en mis entrañas
desde tu sueño sin relojes

ojalá nunca despiertes
el mejor poema
        el mejor amor
solo son cuando no están

wherever in this city screens flicker
with pornography
ADRIENNE RICH

ten years' animal screams and suicides!
ALLEN GINSBERG

unreal city
under the black shadow of a september eagle
T. S. ELIOT

De mi visita a molloch me quedó
un inevitable sabor a leche turbia
a vómito y a aceite
a la niebla que escupen las aceras
cuando el subway circula enloquecido
también la sudorosa certidumbre
de haber cruzado una galaxia de pantallas
delirio de cristal contra cristales
                              cristales
contra pantallas
          pantallas
contra la absurda realidad
de un mundo nuevo cada minuto
de unos jeans nuevos cada minuto

41

de un huérfano nuevo
esperando a sus padres frente a la tv
cada minuto que marca el reloj de la trump tower
y por supuesto la imagen
de todo lo posiblemente imaginable
mezclado sin criterio ni vergüenza
en un cocktail urbano catálogo
de todo ser humano
que queda en stock sobre la tierra
juntas la limousine y la ambulancia juntos
la catedral y el suburbio juntos
los niños judíos en bicicleta
y el raro ejemplar
de junkie exiliada
del remoto reino del bronx

no preguntes en qué avenida no intentes
comprender por qué
                    era así
antes de que llegaras y así será
cuando despiertes abre los ojos
y todo habrá sido un mal sueño
saca los dientes de la acera
y todo habrá sido un mal sueño
no seas tan ingenuo tan
contrafáctico
no intentes comprender nada

                        porque
u know chico it's hard to be a saint
in the city y más si en cada calle
hay una droga nueva para tus labios
un nuevo aliento para tu cuello
si en cada calle hay un ángel distinto
asesinado por el cielo
mira
mira el vacío que dejaron como árboles
arrancados de raíz todavía oigo sus gritos
sus cuerpos en picado hacia el asfalto
todo iría mejor
si rezasen a nuestro mismo dios
y todos los días antes de llevarlos
al colegio con un beso en la frente
inculcasen a sus hijos
nuestro prístino repertorio de valores

no conocí a ninguno
de los apóstoles neoliberales
ni al meritocrático heredero de jeff bezos
ni a quien sucediera al lobo de wall street
        predicando el credo de una start-up ni a aquella
prostituta de lujo que vendía
su cuerpo al prójimo por hobby
…le rogaría perfumado inversor
que no me informara del tamaño de su falo

mediante su irresponsable conducción de un tesla

(patética

    mitología)

tampoco conocí

los caminos de hierro con nombres de pájaro

ni los gritos de las vacas llenando el valle

donde el hudson se lubrica con aceite

ni al gran caupolicán (actualmente

trabaja once horas al día

descargando furgonetas en brooklyn)

solo conocí

a aquella mujer negra en la

parada de autobús

esperando el b39

la mascarilla medio bajada

en una mano su hijo

mal vestido para un mal colegio

en la otra el móvil

su pulgar nervioso

mirando online en shein

de un modelo a otro

sabiendo que no va a comprar

que solo quiere pasar el rato

y olvidar

next

next

next
como si esa eterna indecisión
fuera a distraerla
del lento paso de la vida
para llegar ante la muerte
un día cualquiera
sin haber elegido bolso nuevo
sin haber buscado más allá
de la dulce anestesia del mercado

En el fragor de la sexta avenida
pensé en ti
       en coger tu mano y
cruzar estos desfiladeros de hormigón
prender el cielo con la antorcha
de todos los sueños sin
cumplir
       buscaremos
unos centímetros cuadrados
entre las cumbres de basura
que pueblan las aceras de williamsburg
y que huelen a promesas consumidas
levantaremos un hogar de alambres y cartón
    dormiremos a la sombra de las llamas
    criaremos hijos con nombres de franquicia
    y un gato que escupa amoxicilina

tan solo

unos centímetros

donde vivir

envejecer

forjar nuestro legado

poner la primera piedra de nuestra iglesia

porque por todos es sabido y

la verdad cruza la calle

con la mirada perdida:

esta tierra la

tierra

de las oportunidades y el delirio

tiene un vientre fértil como el humo

it doesn't exist
it doesn't exist
it doesn't exist
it doesn't exist
JEFF ROSENSTOCK

Ayer la infancia duró cinco minutos
y desde entonces han pasado los milenios
vomitando en dirección contraria
rezando al mismo espantapájaros
haciendo cada día las maletas

vivir fue buscar una palabra
que al final no existía

recuerdo aquella voz antes de nacer
un dios me dijo tu destino aquí será
un rápido sendero hacia la nada
el vacío de vivir para la muerte
envejecer como las tristes amapolas
cuando el otoño las pisa sin clemencia

luego todo fueron lágrimas y llantos
bienvenidas y besos y abrazos de madre
galletas y gatitos y huellas en la arena

paraísos perdidos y últimas primeras veces
vertederos de tiempo
atravesados como una piedra en la garganta

Hoy he cruzado finalmente
a la otra orilla de mi propia ausencia
y he entendido que aquella palabra
aquel torpe deseo de vivir
solo significa si no está

Tierra de la esperanza y sin embargo
cuerpos descompuestos bajo
la bandera
gasolinera de prepago
porque
vagabundo a las puertas de walmart
cada martes por la noche
la legión americana no
sin ambulancia enloquecida
también el árbol navideño que
setenta cartuchos bajo las ramas
por un mundo mejor y
menos
adolescentes ejecutados en el colegio
y desde que esta tierra de la esperanza
a la vez que los muros de alambre
espaldas mojadas y sin embargo
avocados frescos todas
las mañanas
jeringuilla en el ojo del águila
y en consecuencia turistificación
de la franja de gaza

hasta que mil pavos desangrados
junto a los abrazos de thanksgiving
en resumen biblia en ruinas
carne roja
sangre azul
cada mañana
botón de reiniciar y sin embargo

Esta montaña conoce
el lánguido desmayo de la niebla
las lenguas de luna que cada noche
tienden su espuma sobre la sombría
ladera
        esta montaña conoce
un silencio que no es tan solo ausencia
una ausencia embarazada de muerte
una muerte anónima que el silencio
fecunda
       esta montaña conoce
crepúsculos plegarias azucenas
de pólvora y de sangre derramada
siglos de letargo bajo la sombra
de una cruz
        esta montaña conoce
los nombres de las cosas cuando no
tenían nombre y el batir de alas
de los ángeles ciegos cuando huyen

Y hoy
       esta montaña ha conocido
el desmayo el silencio el nombre el vuelo
de este animal huérfano y malherido
que bate contra el barro sus muñones

Si en esta u otra vida hubiera sido
un vehículo motorizado
jamás habría sido este honda civic
desmayado bocarriba
a orillas de la interestatal / enfrente
de unos almacenes de amazon
jamás este honda
civic jamás
esta deforme escultura posmoderna
de plástico y acero
salpicada de sangre demócrata

debes saberlo ahora que recuerdas:
jamás llegará nadie a este lugar
ANTONIO COLINAS

[m.]

Lágrimas diciembre sementera / dos cuerpos
dentro de una nuez cascarón de piel
refugio escalofrío una mirada
caliente otra despedida
definitiva más cordón umbilical
húmedo sueño en tu vientre
promesa de un cielo un hogar mi
hogar

hermoso morir aquí dentro
                    fuera
sobrevivir dormir sin mañana
despertar hacia el ayer vaciar
los atardeceres
con puñaladas de memoria

jamás llegará nadie a este lugar: un mundo
nuevo te espera en el último día /
pero en la última noche en esta

trinchera contra el paso de las horas

estás solo

tú

Lágrimas diciembre sementera / promesa

de un cielo imposible

placenta

de un instante

no, not comfortable but home

GLORIA ANZALDÚA

Con el último rayo del día
asoma en el horizonte la silueta
de una gasolinera

hemos llegado tan lejos
y tan solo
para volver sobre nuestros pasos
hemos encontrado lo que
no sabíamos que buscábamos
y hoy regresamos con las manos llenas
de respuestas vacías
pero un poco menos enfermos

me gustan las gasolineras porque
nadie viene para quedarse forty-one
dollars at number five son el símbolo
de todo lo que llega y todo lo que
se marcha i knew you would
come back menos este hombre
que aquí trabaja y cada día and i knew
you would still be here contempla
historias que se detienen fugazmente
frente a los surtidores

este hombre que aquí trabaja
ahora me está mirando y se imagina
los mundos que habré visto desde aquel
último amanecer que pasé por este sitio
hace 129 días
seguro se imagina una larga travesía
por inhóspitos pinares y arcedos
y por valles y montañas y lagos
congelados y por una interminable
carretera y por ciudades
de nombres sagrados que tan solo
ha visto en internet y por pieles
de cuerpos extraños y por otras
viejas gasolineras donde
nadie
llega para quedarse

ojalá habitara su fantasía
pero yo me quedo con estos
caminos de hierro con nombres de pájaro
y con el recuerdo de mi noble
s.t.a.r.c.a.r.
una flecha negra hacia la muerte
un ángel ciego que huye
(oh a ti te deberemos nuestra apocalipsis)

no era mi intención
vomitar en verso libre sobre tus zapatos
pero no siempre controlo mi garganta /
cerró los ojos antes de marcharse:
torres de espanto
y sin embargo

Con las primeras
sombras de la noche y con el viento frío
de una estación que ya no era la misma
tuvo la insoportable certidumbre
de que en el mundo no hay hogares

solo gasolineras

ÍNDICE

EL POEMARIO
'GASOLINERAS',
DE JAVIER ADRADA DE LA TORRE
RESULTÓ GANADOR DEL XXII CERTAMEN INTERNACIONAL DE POESÍA
MARTÍN GARCÍA RAMOS (2023) PATROCINADO POR LA FAMILIA GARCÍA PÉREZ Y
COORDINADO POR MÓNICA JIMÉNEZ EN REPRESENTACIÓN
DEL EXCELENTÍSIMO AYUNTAMIENTO DE ALBOX (ALMERÍA).
EL JURADO ESTUVO COMPUESTO POR CATALINA GARCÍA PÉREZ, SARA HERRERA
PERALTA, AGUSTÍN MAZZINI, DANIEL MARTÍNEZ BAUZÁ Y JUAN DE DIOS GARCÍA
BAJO LA DIRECCIÓN DE JON JUARISTI